My First Bilingual … bilingue

Nature

La nature

English-French • Français-anglais

— A child's first book of words and fun – in two languages! —

— Un livre bilingue, rempli de mots et de plaisir pour les tout-petits! —

sun

le soleil

earth

de la terre

flower

une fleur

wind

le vent

clouds

des nuages

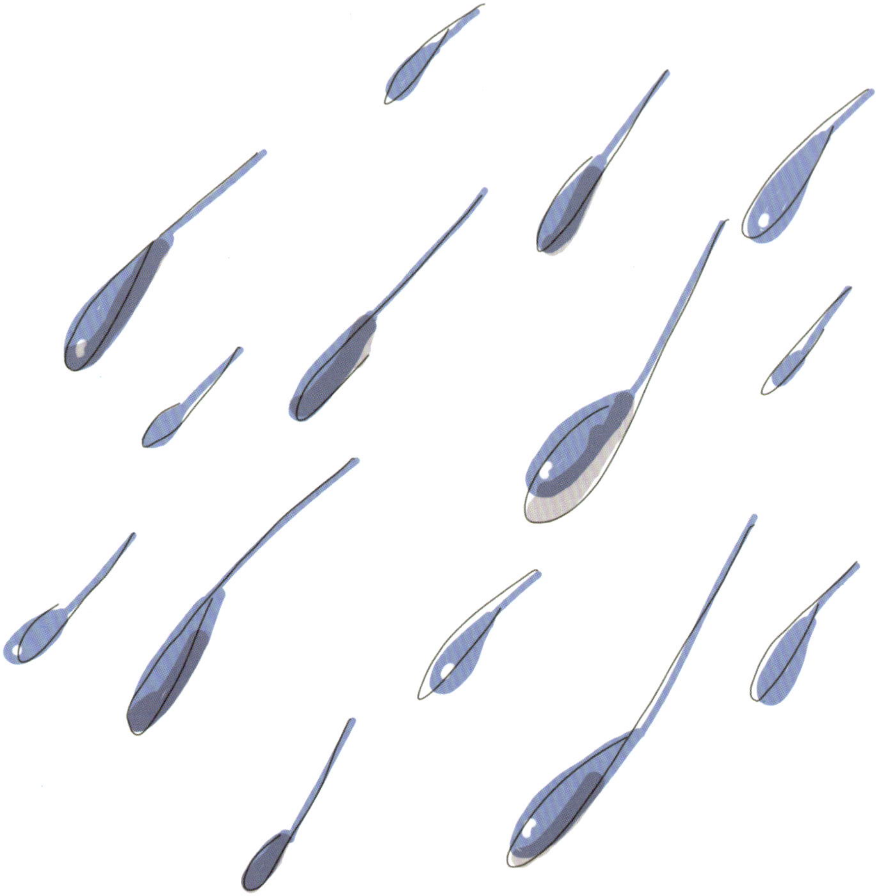

rain

la pluie

rainbow

un arc-en-ciel

water

de l'eau

tree

un arbre

leaves

des feuilles

snow

de la neige

— Fun activities with things in nature! —
— Des activités amusantes! —

Can you say the names of these things in nature, in both French and English?
Nomme en français et en anglais tous les éléments de la nature qui sont présentés ici

Say the name of each thing and find its picture in the book.

Prononce les mots que tu vois ici et
retrouve ces éléments de la nature dans le livre.

rain	**snow**	**wind**	**clouds**
la pluie	**de la neige**	**le vent**	**des nuages**